en *Calle de la Lectura*

¡Upa, Upa, Upa!

Glenview, Illinois • Boston, Massachusetts • Chandler, Arizona
Shoreview, Minnesota • Upper Saddle River, New Jersey

¡Upa, upa, upa!

Hilario no corre nada.

Casi se queda en la subida.

—Estoy todo abollado. No tengo nada de máquina —se queja Hilario.

¡Ayuda! ¡Hilario pide ayuda!

¡Upa, upa, upa!

—¿Qué hago? —gime Hilario.

—Hola, Hilario.

Sube —llama Gregorio.

Gregorio chequea de arriba abajo.

Gregorio quita y pone.

Serrucha, afina y lava.

—Mira lo que te he hecho —pide Gregorio.

—Mi máquina ya no falla.

¡Ya tengo otra cara! —nota Hilario.

Hilario sale como un rayo.